Administrar, Gerenciar, Gestionar, Liderar

MSc Ing. Roger Salinas-Robalino, PMP, PSM

T800-1T

A mi madre, Dra. Diana Robalino Flores, por su incondicional apoyo.

CONTENIDO

VISIÓN GENERAL DE LA ADMINISTRACIÓN 4

¿Cuándo estás administrando y cuándo estás liderando?6

Explorando roles del gerente 7

Entendiendo los estilos de gestión 11

Escogiendo el estilo correcto..............................14

GESTIONANDO EL RENDIMIENTO EN LA ORGANIZACIÓN...17

Administrando el proceso de rendimiento 17

Contratación de empleados..................................19

Incorporación de empleados................................21

Fijando metas de empleados 22

Entrenando empleados.....................................25

Abordando problemas de rendimiento 27

Cómo dejar ir a los empleados 30

Gestionando equipos de trabajo......................32

GESTIONANDO A LAS PERSONAS 33

T800-IT

De colega a gerente 34

Generando confianza con los demás 36

Motivando y fomentando compromiso en otros............38

Delegando responsabilidades 42

Evitando la microgestión 44

Resolviendo conflictos 46

Procurar reuniones productivas 47

Enfrentando asuntos generacionales 50

Gestionando a tus jefes....................................51

Administrando empleados remotos 54

GESTIONANDO NEGOCIOS 57

Manejando tu tiempo..57

Evaluando la ejecución de proyectos........................58

Manejando presupuestos 61

Conociendo aspectos laborales..............................63

Tomando decisiones de negocio 65

CONSIDERACIONES FINALES 66

T800-1T

VISIÓN GENERAL DE LA ADMINISTRACIÓN

En cualquier organización exitosa encontrarás excelentes gerentes, que toman importantes decisiones todos los días. Ellos se aseguran de que se terminen los proyectos con la más alta calidad posible, motivando a sus empleados a que se comprometan a cumplir con los procedimientos y políticas de la empresa.

Una buena gestión o administración es aplicar habilidades claves para ayudar a la organización a alcanzar su potencialidad. La buena noticia es que las habilidades de gestión se pueden aprender y mejorar.

A lo largo de este curso exploraremos tus competencias y estrategias específicas para incluso perfeccionar tus habilidades de gestión.

Debemos reconocer que la administración ha avanzado mucho. Ésta se concibió durante la Revolución Industrial en que las fábricas necesitaban organizar el trabajo de grandes grupos y se centraba en controlar a las personas. Pues suponían que de forma innata se resistían a trabajar, que había que forzarlas a hacerlo bien. Intentaba que haya productividad, a través del poder sobre los trabajadores que incluían castigos.

T800-1T

Pero desde el siglo XIX administración evolucionó. Los movimientos laborales y las leyes contribuyeron mucho a mejorar el trabajo para las personas, tanto física como emocionalmente. Y nuestras economías han cambiado: La era de la tecnología transformó radicalmente lo qué es el trabajo y cómo se logra; y la globalización ha redefinido cómo acceder a nuestros clientes, proveedores y también empleados.

Muchas organizaciones descubrieron que la forma en que trataban a sus empleados tenía un impacto en las empresas. Quienes trataban bien a sus empleados produjeron más, ahorraron costos, bajaron rotación e incluso tenían menos tiempo por enfermedad. Además, que los empleados felices tratan mejor a los clientes y son más creativos para innovar productos. Esto aún lo vemos en las generaciones modernas que esperan más de sus puestos de trabajo, no solo un cheque de pago. Ahora los costos de contratación y retención de buenos trabajadores es prioritario, incluso en crísis económicas.

Ahora, no quiero decir que la gestión autocrática es algo del pasado, pues todavía lo usan algunos gerentes y líderes. Pero te darás cuenta de que las organizaciones prosperan si se enfocan en motivar e involucrar por igual a empleados y clientes .

A lo largo de los años las organizaciones han mejorado la forma en que toman decisiones y coordinan actividades, pues brindan mayor participación; aprovechando la experiencia de las personas. En lugar de utilizar roles rígidos, adoptan modelos que les permiten hacer cambios rápidamente; por lo que los empleados ganan más autonomía.

El rendimiento del empleado ya no se mide por indicadores de logros pequeños. Se fijan en en competencias que respaldan una amplia gama de resultados exitosos. Los gerentes se están alejando, del modelo de castigo y recompensa; buscan averiguar cómo se motiva a los empleados, lo que origina mayor productividad y compromiso.

¿Qué significa todo esto para ti? Significa que tu puedes lograr un mayor éxito. Aprendiendo e implementando estrategias de gestión modernas, que te permitirán dirigir mejor el rendimiento de las personas y del negocio. ¡Ten la plena seguridad que todo esto dará sus frutos!

A medida que te descubren como un gran gerente, obtendrás beneficios en tu carrera y se te presentarán futuras oportunidades.

T800-1T

¿Cuándo estás administrando y cuándo estás liderando?

Cuando administras puede que estés yendo y viniendo entre tus funciones y las de liderazgo. El líder y el administrador de las organizaciones modernas deben demostrar liderazgo, porque ambos dirigen a otros. Vamos a explorar sus distinciones más importantes.

El objetivo principal de la administración o gestión es crear un entorno de trabajo estable, claro y coherente, y que los empleados puedan ser tan productivos como sea posible.

El objetivo principal del liderazgo es producir cambios, diseñando estrategias para un mejor futuro y crecimiento de la organización.

Hay algunas tensiones naturales entre gestionar y liderar, lo que no significa que no puedan conciliarse. Pero hay que diferenciar cuándo estás haciendo lo uno o lo otro. Como por ejemplo:

1. Gestionar es táctico y práctico mientras que liderar es estratégico y visionario, por lo que el marco de tiempo es diferente.

2. La gestión ocurre en el aquí y ahora. Sus objetivos a corto y mediano plazo logran el éxito de la organización. En cambio, el enfoque del liderazgo es establecer la estrategia para crear la organización del futuro.

3. La visión de la administración es circunscrita a la organización, y la de los líderes es interna y externa, que involucra a la industria, al mercado y asuntos nacionales o globales.

4. La administración o gestión utiliza recursos y estructuras actuales, mientras que el liderazgo diseña otros para el futuro.

5. Para la administración, las tareas diarias de los empleados alcanzan metas ya establecidas. Para el liderazgo, se requiere planificar estrategias a largo plazo para alcanzar nuevas metas.

6. Las habilidades interpersonales en la gestión y en el liderazgo se basan en la inteligencia emocional. Pero la gestión es más táctica, reuniéndose con cada persona, delegando tareas y entrenando empleados para mejorar su desempeño. Liderar se trata de fomentar una cultura de compromiso de objetivos,

colaboración y formar nuevos líderes.

Explorando roles del gerente

Como gerente desempeñarás algunos roles diferentes. A medida que te mencione estos cinco roles básicos piensa en cuáles desempeñas en tu trabajo.

1. **Productor**. Debes procurar resultados deseados y lograr objetivos de la organización a través de proyectos y tareas.

2. **Administrador**. Eres el encargado de sistemas, políticas y procedimientos para que la organización funcione de manera eficiente.

3. **Innovador**. Necesitarás dar soluciones creativas e innovadoras para poder implementar cambios que sirvan a la organización en un futuro.

4. **Mediador**. No solo cuando necesites ayudar a tus empleados a resolver conflictos, sino también mediarás cualquier tensión entre las necesidades de los empleados y la organización.

5. **Promotor de cultura**. Debes construir un ambiente de trabajo y una cultura que valore a sus miembros, y apoye a los objetivos de la organización.

Cada rol requiere un conjunto diferente de habilidades, y es posible que sea mejor en algunos casos que en otros. Querrás usar tus fortalezas y las de tu gente, así como también desarrollar las áreas que aún necesites para crecer.

Puede suceder que estos roles estén en conflicto entre sí. Por ejemplo, aplicar una política podría limitar la innovación, o un cambio de actitud puede afectar la cultura actual.

Para ser gerente debes saber cómo equilibrar estos roles y también cuándo priorizar uno sobre otro, esto no siempre es fácil porque hay que considerarlo desde dos perspectivas:

- **la perspectiva de los empleados**, que gira en torno a la experiencia de las personas bajo la supervisión de un gerente. Esta es con la que estamos familiarizados, porque lo vivimos en el alguna etapa de nuestras vidas, y

T800-1T

- **la perspectiva de la organización**, que se enfoca en los resultados efectivos del trabajo que alcanzan el éxito de la organización.

En estas dos perspectivas diferentes y a veces contrapuestas el gerente debe encontrar aspectos en los que coincidan y aplicarlas al trabajo diario.

Analicemos a fondo la perspectiva de la organización:

Los objetivos de los empleados deben ser cumplir los de la organización. Para analizar la perspectiva de la organización debemos hacernos preguntas como:

- ¿están terminadas por completo los proyectos asignados y las tareas?

- ¿el trabajo se completa a tiempo y dentro del presupuesto asignado?

- ¿el nivel de la calidad del trabajo es suficiente para lograr los objetivos?

- ¿está la organización protegida de demandas por

incumplimiento de normas, leyes y regulaciones?

● ¿se detectan innovaciones que mejoren el éxito de la organización?

● ¿el gerente contrata y desarrolla empleados que aportan a la organización a lo largo del tiempo?

Es obvio que desde la perspectiva de la organización las habilidades claves incluyen a la gestión de proyectos, de tiempo, de recursos, del rendimiento, de la comunicación, toma de decisiones y las habilidades de las personas.

Ahora cambiemos a la perspectiva de los empleados. Las personas que dependen de un gerente tienen varias preguntas:

● ¿son claras mis tareas y responsabilidades?

● ¿se me proporciona entrenamiento, formación y los recursos para completar las tareas?

● ¿son mis habilidades utilizadas de manera efectiva?

- ¿se me dan oportunidades para crecer?

- ¿me tratan de manera justa y con respeto?

- ¿puedo ver que mis aportes marcan la diferencia y se miden con precisión?

- ¿mi trabajo lo evalúan y valorar en forma justa?

- ¿hay un plan de carrera profesional para mi crecimiento?

Desde la perspectiva de los empleados las habilidades clave de gestión incluyen comunicación, don de gentes, buen desempeño, capacitación, entrenamiento y ética.

Estas dos perspectivas se interrelacionan en el buen desempeño del empleado al servicio de los objetivos de la organización, y en que la organización le proporciona ese trabajo y una compensación justa por aquello. Para ser un gerente exitoso necesitarás resolver las tensiones inherentes y oportunidades que surgen entre las necesidades de tus empleados y los objetivos de tu organización.

Entendiendo los estilos de gestión

Los estilos de gestión son las formas de comportamiento de las personas dentro de sus posiciones gerenciales. Entre esos comportamientos podemos destacar tres: dirección de tareas, toma de decisiones y construcción de relaciones.

- **Dirección de tareas.** Es cuando el gerente le dice al empleado cómo, cuándo y qué hacer. Esto incluye enseñar y formar, así como dirigir y dar instrucciones.

- **Toma de decisiones.** Es la medida en que el gerente involucra a los empleados en el proceso de toma de decisiones. Esto puede darse entre dos extremos: en uno los empleados no tienen ninguna participación en absoluto, y en el otro el gerente delega completamente la toma de decisiones a los empleados.

- **Construcción de relaciones.** Es cómo el gerente establece una relación con cada empleado y crea el ambiente de trabajo o la cultura para todo el equipo. Incluye permanente comunicación abierta y respeto,

T800-IT

involucrar a los empleados, motivación y entrenamientos.

Déjame recorrer los estilos de gestión más comunes:

1. **El director.** Este gerente quiere estar a cargo de todo, porque controla todos los aspectos de la toma de decisiones, hay un exceso en la dirección de tareas, y casi siempre son vistos como *microadministradores*. Los directores no se involucran mucho en la construcción de relaciones aunque pueden ser cordiales. Una frase distintiva: *"haz lo que digo"*. Este estilo autocrático es apropiado cuando los empleados tienen niveles muy bajos de habilidad o iniciativa, o cuando la organización está en crisis y necesita cambios inmediatos. Por todo lo expuesto, el director a la larga podría dañar a la organización, ya que los empleados no estarían motivados y no tendrían oportunidades para su desarrollo.

2. **El consultor.** Este gerente aún mantiene el control de la toma de decisiones, pero sabe que la construcción de relaciones es importante, por lo que toma en cuenta las opiniones de sus empleados. Los empleados pueden sentirse más comprometidos con este estilo si la consulta es sincera. Los consultores todavía se preocupan de la dirección de tareas con

ciertos niveles de autonomía. La frase para este estilo es: *"valoro tu opinión"*. Y funciona bien con empleados que están creciendo en sus habilidades o confianza, pero no al nivel de manejar tareas complejas por sí mismos.

3. El constructor de consensos. Gestiona democráticamente. Este gerente busca sinceramente aportes de todos. Se enfoca en lo que es mejor para el grupo. A menudo toma decisiones basadas en la preferencia de la mayoría o el consenso. Aquí la frase es: *¿qué crees?* La desventaja del estilo es que le puede tomar demasiado tiempo buscar información o la opción que tenga más apoyo, ignorando la que podría ser mejor decisión.

4. El entrenador. Este entrenador se enfoca en crear un personal altamente productivo y motivado que brinda formación y estímulo para crecer. A menudo crean un ambiente positivo y agradable por el trabajo en equipo y las actividades sociales que realizan. Frase distintiva: *"¿cómo puedo apoyarte?"* Este estilo es ideal para mandos medios y altos, pero los entrenadores pueden tropezar con empleados difíciles o que tienen pobre desempeño, que no responden a ese estímulo.

5. El visionario. Este gerente tiene una

visión que causa emoción. Son buenos para inspirar o persuadir a otros para que se unan a él. Son excelentes con el pensamiento estratégico, pero no tan buenos con las habilidades tácticas. Este gerente se ejemplifica con la frase *"Sígueme"*. Para prosperar bajo este estilo, los empleados deben ser independientes y realizar por sí mismos el trabajo diario.

6. **El delegador.** Este gerente utiliza un enfoque de gestión de no intervención o *laissez-faire*, o intervenir solo cuando es necesario. Entregan el control casi completo a su equipo. Este estilo funciona bien con empleados de alto rendimiento. La frase aquí es *"Hazte cargo de esto"*. Los delegadores tienen que recordar que, aunque transfieran el desempeño de tareas y toma de decisiones, deben continuar construyendo relaciones con ellos.

7. **El narcisista.** En realidad es el estilo más dañino con muy pocas cualidades rescatables. El narcisista proporciona una gran cantidad de dirección de tareas y no toma decisiones. Se involucra en la construcción de relaciones, pero solo para obtener favores o apoyo de personas de las que prescinde abruptamente cuando ya no las necesita. Los narcisistas son muy egocéntricos pero aún pueden ser agradables, hasta encantadores, pero

mandan con puño de hierro. Usan castigos como el despido o pequeñas represalias para mantener a la gente a raya. Las personas debajo de ellos tienen miedo, por lo que casi nunca pueden buscar ayuda. Una vez que esta persona se va o es despedida aflora información impactante. Es un jefe que se lleva todo el mérito del éxito de su equipo y los culpa por cualquier fracaso. Para saber si tienes este tipo tóxico de jefe, busca si hay una alta rotación.

Al revisar estos estilos, ¿cuál de ellos has experimentado como empleado? ¿Cómo impactaron estos estilos a tu productividad, motivación y lealtad a la organización? ¿Qué estilo se parece más a ti? Pues todos tenemos uno favorito o un estilo natural que más usamos.

Escogiendo el estilo correcto

¿Qué estilo debes elegir? Todo depende de tu situación. Con la excepción del narcisista, todos los estilos pueden ser útiles en ciertos contextos. Si bien ningún estilo individual es bueno o malo, un estilo de gestión puede o no estar ajustado a la situación, lo que determina su efectividad.

Comencemos con tu estilo natural de gestión. ¿Cuál de los estilos se parece más a ti? Si no estás seguro, pídeles a tus amigos y colegas sus comentarios. Es importante saber cuál es tu estilo predeterminado porque es aquel que probablemente lo apliques bajo estrés. Por último, tu estilo natural puede ser el adecuado para algunos de tus empleados, y ellos prosperarán bajo tu mando. Pero si quieres que todo el equipo prospere, debes estar dispuesto a familiarizarte con todos los estilos. Es responsabilidad de los gerentes cambiar su estilo para adaptarse a la situación.

Elegir el mejor estilo para la situación, maximiza la productividad y el compromiso de tu gente. Para determinar qué estilo usar primero evalúa las habilidades y actitudes de cada uno de tus empleados. Analiza de qué modo tus empleados satisfacen las que se requieren en la descripción de su trabajo. ¿Sus actitudes son entusiastas y motivadas, cautelosas o nerviosas o incluso desconectadas o aburridas? Mira cómo se llevan como grupo. ¿Son cohesivos y amistosos o hay mucha tensión o conflicto?

Ahora aplica combinaciones de dirección de tareas, construcción de relaciones y toma de decisiones, para sacar lo mejor de ellos mismos. Con los empleados que sean nuevos y hábiles usa gran cantidad de dirección de tareas y de construcción de relaciones. Lo que les ayudará a aprender lo que necesitan para hacer el trabajo, e iniciará una conexión positiva entre ustedes. Entonces querrás usar el estilo del director y del consultor.

T800-IT

A medida que veas evidencias de que tus empleados se están volviendo más capacitados y seguros, acelera según sea necesario en la dirección de las tareas, y mantén la construcción de relaciones. Ahora, también agrega algo de toma de decisiones para impulsar su crecimiento y desarrollo, que ya es una gran decisión; además de que comienzas a involucrarlos en debates para tomar decisiones.

Comienza por compartir qué estás haciendo y por qué para buscar su aporte. A medida que lo hagan podrás permitirles tomar algunas decisiones de bajo riesgo. Entonces desearás utilizar los estilos de constructor de consensos y de entrenador. Continúa construyendo relaciones a medida que impulsas el desarrollo de sus habilidades dándole más oportunidades para tomar decisiones.

Cuando tus empleados estén muy capacitados puedes delegarles muchas cosas. Proporcionando muy poca o casi ninguna dirección de tareas, más autonomía en la toma de decisiones, y proyectos más complejos, que demanden mayores desafíos y compromiso.

También puedes reducir la construcción de relaciones a medida que tengas una base sólida de confianza y respeto, pero ten cuidado de no dejar de hacerlo del todo. Incluso tus mejores colaboradores todavía necesitan estímulo y reconocimiento. Los estilos visionario y delegador te funcionarán bien, especialmente porque a medida que tu equipo crece puedes administrarlos cada vez menos, lo que permite centrarte en el liderazgo y la estrategia.

Si deseas un gran libro que te guíe sobre los muchos desafíos de la gestión. Te animo a leer "Liderazgo Al Más Alto Nivel" de Ken Blanchard. Es una lectura obligada para los gerentes.

Permíteme dejarte un consejo más: piensa en ti mismo como un modificador de hábitos.

Los estudios en neurociencia nos han proporcionado información sobre cómo los humanos forman hábitos, que son los que dan forma a lo que hacemos en nuestra vida profesional y hasta personal. Todos los días repetimos hábitos que se han construido con el tiempo y en muchos casos están bastante asentados mentalmente.

Fíjate en tus hábitos diarios. Lo que está detrás de tu ida y venida de la oficina, cómo te actúas en reuniones e incluso cómo contestas tu teléfono. Cuando realizamos las mismas actividades una y otra vez, se afirman, e incluso se incrementan vías neurológicas. De hecho, los estudios han demostrado que se necesitan alrededor de 40 repeticiones de un comportamiento antes de que se convierta en un hábito y con 66 se puede medir aquel incremento.

¿Por qué me refiero a esto? Para hacerte pensar que, como gerente tienes tus propios hábitos, tu estilo de gestión predeterminado, que está bien asentado. Si quieres ayudarte a ti mismo, sé mejor en los otros estilos que he mencionado. Y practícalos para que también se conviertan en hábitos.

Adicionalmente, gestionar personas significa formarles nuevos o mejores hábitos. A medida que les das dirección de tareas u oportunidades para tomar decisiones, los estás ayudando a desarrollar nuevos hábitos para trabajar.

Los gerentes efectivos son pacientes, y saben que se necesitan 40 repeticiones para formar nuevos hábitos de comportamiento. Juega con los seis estilos en función de lo que más se adapte a la situación. Incluso puedes usar un estilo diferente para cada empleado. Recuerda que tu objetivo es sacar lo mejor de tu gente, para lograrlo tienes que elegir correctamente el estilo de gestión.

Las habilidades de gestión se pueden clasificar en 3 áreas: gestión del rendimiento, de las personas y del negocio.

GESTIONANDO EL RENDIMIENTO EN LA ORGANIZACIÓN

Creo que la administración del rendimiento es la función principal del gerente, por eso he puesto este capítulo primero porque enmarcará el resto del material en este curso.

Administrando el proceso de rendimiento

Primero exploraremos qué es la gestión o administración del rendimiento, y luego me referiré a algunas estrategias que puedes utilizar con tus empleados.A lo largo de este curso exploraremos tus competencias y estrategias específicas para perfeccionar tus habilidades de gestión. Y éstas habilidades se pueden clasificar en 3 áreas: gestión del rendimiento, de las personas y del negocio.

La gestión del rendimiento es una serie de prácticas, políticas y procedimientos que guían a un empleado a realizar su trabajo; con lo cual estás administrando bien a las personas y lograrás el éxito de la organización. Esta serie no solo es software o revisiones anuales. Incluye los objetivos de la organización, valores organizacionales y cultura, descripciones de puestos, evaluación de competencias, procesos para desarrollar y motivarlos, compensaciones como salarios y bonificaciones, y toma de decisiones en caso de cesar o promover empleados.

Lo ideal sería que todos estos elementos puedan crear un sistema cohesivo. Deben darte estrategias y prácticas claras para usar en las interacciones con tus empleados: discusiones individuales, reuniones de proyecto y revisiones anuales, entre otras.

En cualquier tipo de organización el entorno de trabajo actual es diferente al de hace unos años. El trabajo de hoy en día abarca varios departamentos; esto a su vez requiere más colaboración, y una mejor comunicación. Y más empleados trabajan de forma remota dentro y fuera del país.

Debido a los cambios del actual entorno empresarial, las organizaciones deben revisar sus sistemas de gestión de rendimiento. Así que experimentarás una gama de ellos a lo largo de tu carrera. Como gerente debes utilizar el sistema que use tu organización, pero creo que deberías mantenerte informado sobre las mejores prácticas en gestión del rendimiento, porque puede guiarte en cómo implementar el tuyo, o incluso cuando necesitaras hacer un cambio.

Algunos de mis fuentes favoritas de información son el Consejo de Liderazgo de Recursos Humanos *(Human Resources Leadership Council)*, la Sociedad para Gestión de Recursos Humanos *(Society for Human Resource Management)*, Harvard Business Review y Burson de Deloitte.

Para ser un gerente eficaz, te recomiendo que utilices las siguientes estrategias.

1.   Sigue el proceso de administración de rendimiento de tu organización, si existe uno

Asiste a las capacitaciones que te ofrezcan. La revisión con todos tus empleados no debe esperar un año. Si no ofrecen capacitación, la gestión del rendimiento es algo que debes hacer cada semana para dilucidar inquietudes. Habla con la persona indicada de RR.HH. y trata sobre la protección legal a los empleados y a la organización en el proceso de gestión de rendimiento. El gerente es la persona responsable de implementarlo de manera correcta.

2.   Crea tu propio método para organizar la información

Considera cómo rastrear y medir el progreso de cada

empleado. Escoge un lugar y agenda reuniones individuales y de equipo, que te ayuden a vincular el trabajo diario con la gestión del rendimiento. Asegúrate de indagar las funciones de un sistema en línea u otras herramientas para ayudarte.

3.   Sé transparente con tus empleados

Comparte con ellos todo lo que puedas sobre el proceso. Discute cómo y cuándo evaluarás su desempeño, cómo los apoyarás para tener éxito y cómo esto se relaciona con compensaciones y oportunidades profesionales. Ningún empleado debería sorprenderse jamás durante su revisión anual. Recomiendo hacer esto en grupo para que todos escuchen lo mismo al mismo tiempo. No solo te evita repetir, también ayuda al equipo a saber que todos están sujetos al mismo proceso y estándares.

En el resto de este capítulo veremos más partes del proceso de gestión del rendimiento, y cómo puedes utilizar varias herramientas para maximizar tu éxito como gerente.

Contratación de empleados

¿Tu rol como el gerente de alguien comienza desde su primer día de trabajo? No. Comienza en el momento en que pones un anuncio para contratar. Tú eres el responsable de seleccionarlo y del proceso de gestión de rendimiento.

La descripción del puesto describe sus deberes y responsabilidades y, por lo general, incluye otros elementos del proceso de rendimiento. Finalmente participarás en entrevistas a los mejores candidatos, evaluarás sus habilidades, y tomarás la decisión de contratar a uno de ellos.

La contratación y la incorporación de tus empleados es el comienzo de tu relación laboral y debes empezar bien. Veamos cómo:

1.	**Asegúrate de utilizar las mejores prácticas en la contratación.** Tu principal objetivo debe ser contratar a la persona adecuada para el trabajo. El proceso de contratación debería ayudarte a evaluar las competencias de cada candidato, y cómo contribuirán al trabajo diario de tu equipo.

2.	**Sigue los procedimientos y prácticas establecidos.** Si tienes un departamento de recursos humanos, ellos supervisan algunos aspectos del proceso de contratación, porque las leyes para empleados se han vuelto muy complejas.

3.   **Pon el tiempo y energía en liderar un gran proceso de contratación.** Toma este proceso en serio, y no cometas los errores de tantos gerentes, de tratar las entrevistas como una interrupción de su horario diario. Tómate el tiempo para revisar las aplicaciones, crear preguntas reflexivas y evaluar al candidato. Asiste a la entrevista con una actitud de respeto y franqueza, porque las primeras impresiones de lado y lado importan para empezar a construir relaciones. Con el proceso de contratación estarás invirtiendo tiempo para formar un gran equipo, cuanto más cuidado y atención pongas en el proceso de contratación, tendrás más frutos en el futuro con empleados productivos.

Incorporación de empleados

La incorporación es la introducción formal y orientación de un nuevo empleado a tu equipo de trabajo. Es el proceso de conseguir que los nuevos empleados se ajusten al desempeño y entorno social de sus trabajos de forma rápida y fluida. La incorporación puede darse a través de herramientas que incluyen documentos y manuales en línea o en papel, videos y reuniones personales. La incorporación puede variar desde horas hasta semanas, e incluso meses; dependiendo de la organización y la complejidad de algunos roles. Los beneficios de la incorporación incluyen aumentar la satisfacción en el trabajo, aumentar el rendimiento y disminuir la rotación.

Existen mejores prácticas en la incorporación.

1.   Los empleados deberían incorporarse a tres cosas distintas pero conectadas: la organización, el área en la que trabajará y las funciones asignadas.

2.   Centrarse en abordar con ellos lo que se conoce como las **cuatro ces**:

- Cumplir las leyes y políticas a las que se deban adherir;

- Clarificar las obligaciones laborales y expectativas;

- Cultura, que incluye los valores, metas y normas de la organización, y

- Conexión, que son las relaciones interpersonales vitales para su éxito

Utilizando estas mejores prácticas de incorporación,

no solo prepararás a tus empleados para el éxito, sino también comienzas a construir una relación laboral positiva entre ustedes.

Fijando metas de empleados

En todo proceso de gestión de rendimiento es vital establecer metas y rastrear su progreso. Hablemos de las opciones que tienes para aplicarlas.

Una de las mejores prácticas en gestión de rendimiento es tener todo organizado en torno a metas en cascada. Arriba están las metas u objetivos de la organización, y luego por debajo los objetivos del departamento, del equipo y de los empleados. Esto permite medir cómo el desempeño de sus tareas, individuales y de equipo, contribuyen al éxito de la organización.

Otra opción es tener dos caminos: uno que se centra en el rendimiento de tareas, y otro que se centra en el desarrollo profesional o de carrera.

El rendimiento de tareas trata de las acciones, comportamientos y competencias necesarios para completar las tareas de la meta establecida para el año, y no solo listas de las tareas pendientes. Esto está directamente relacionado con la posición y descripción del trabajo del empleado. Puede incluirse otras habilidades para hacer el trabajo eficazmente, como comunicación, colaboración, etc.

El desarrollo profesional y de carrera consiste en ayudar al empleado con oportunidades de ascender en el futuro. Esto puede incluir su preparación para roles gerenciales, o ayudarlos a desarrollar nuevas habilidades para ascensos menores. Apoyar su desarrollo profesional es una de las formas de comprometer a tu gente. Muchas organizaciones toman en cuenta esto, aunque aún no haya ocurrido la revisión anual.

Sin importar cómo esté organizado tu proceso de gestión de rendimiento, utilizarás el establecimiento de metas como una forma de enfocar y dirigir acciones y comportamientos.

Veamos algunas estrategias que puedes utilizar para establecer metas y ayudar a tus empleados.

Primero. Recomiendo usar la técnica de objetivos SMART, donde cada objetivo tiene que cumplir estas cinco cualidades:

- Debe ser **específico**, que los detalles de quién, qué, dónde y cómo, estén bien claros;

- Debe ser **medible**, que haya una forma clara de ver el progreso;

- Debe estar **orientado a la acción**, que el empleado designado tenga la habilidad de hacer algo, y no otra persona que no la tenga;

- Debe ser **realista**, que puede lograrse en el tiempo y con los recursos disponibles, y finalmente

- Debe ser **oportuno**, que tenga una fecha límite claramente establecida, posiblemente con hitos previos a esa fecha límite.

Utilizar la técnica *SMART* te ayudará a ti y a tus empleados a identificar comportamientos medibles, que permitirán hacer un seguimiento del progreso. También puedes dividir el objetivo más grande en unos más pequeños, y adopta la técnica *SMART* a cada uno.

Segundo. Instituye comprobación de progreso trimestral. Uno de los errores que los gerentes y los empleados a menudo cometen es establecer metas al comienzo del año, y solo evaluarlos en la revisión anual. Esto hace difícil el proceso de

T800-1T

revisión porque se retrocede 12 meses, y también elimina la oportunidad de corregir el rumbo. Si usas la técnica de objetivos SMART, deberías poder trazar objetivos a lo largo del tiempo. Hitos más cortos deberían alcanzar metas. Cuando se revisa cada trimestre te brinda a ti y al empleado la oportunidad de ver qué objetivos están por buen camino, y cuáles pueden estar quedando atrás. Entonces puedes trazar estrategias para corregirlos, antes de que sea demasiado tarde.

Tercero. Cuando el progreso se detiene, identifique y elimine los obstáculos. Es muy probable que el progreso se estancó en algo debido a alguno de sus empleados. Cuando eso sucede, no solucionarás nada si solo estableces una nueva fecha límite, sin buscar el origen del obstáculo, solo obtendrás otro hito perdido en el futuro. Como por ejemplo, en el caso de que tu empleado tenga demasiados pendientes o sus prioridades estén compitiendo entre sí. Tal vez el empleado necesita que les proporciones algo para lograr el objetivo, como información, autoridad, o entrenamiento. Incluso podría ser algo de índole emocional, como que la tarea no es convincente o motivadora. Es posible que debas ayudar a buscar lo que hay detrás de su resistencia y afrontarlo.

Como gerente, encontrarás que respaldar a tus empleados para lograr sus metas requiere de tu parte habilidades de entrenamiento. Vamos a cubrir eso más adelante.

Mientras tanto, considera cómo puedes utilizar estas estrategias para ayudar a tu empleado a establecer y lograr tanto su rendimiento como sus metas de desarrollo profesional.

Entrenando empleados

Como gerente, he descubierto que el *coaching* o entrenamiento es una de mis principales herramientas para ayudar a que los empleados estén en su mejor momento. Sin embargo, hay mucha confusión sobre lo que es y cómo funciona el *coaching* de empleados; porque en realidad, hay diferentes estilos y temas de conversaciones de *coaching* que puedes utilizar en un entorno profesional.

El *coaching* ha evolucionado a partir de dos campos importantes pero muy diferentes y esto esencialmente crea dos estilos.

El primero es el **entrenamiento de habilidades**, donde la experiencia de los entrenadores está en las habilidades que les enseñan a otras personas. Este modo evolucionó desde el entrenamiento deportivo, como por ejemplo el béisbol o la natación, donde el entrenador es alguien que tiene una amplia experiencia, y luego entrena a otro para mejorar esa habilidad. Es un modelo basado en enseñar, observar y ofrecer consejos y estrategias. Es intencionalmente directiva y es lo que los gerentes naturalmente tomamos de manera predeterminada. El entrenamiento de habilidades beneficia porque a menudo es más rápido y fácil dirigir a personas, y ofrece al gerente mucho control sobre el trabajo.

El segundo estilo es el **entrenamiento de claridad.** En este estilo se aprovecha la experiencia del entrenador en técnicas de procesos de claridad, con lo que se permite a la otra persona buscar sus propias respuestas. Este modo se originó en el *coaching* de vida, donde el entrenador se capacita en habilidades de entrenamiento formal. El *coach* posibilita al empleado tener claro un tema haciendo preguntas precisas para ayudarlo a aprovechar su propio conocimiento y experiencia. Luego apoya el progreso de la persona con planes de acción y responsabilidades. Este estilo es intencionalmente no directivo. Existen tres beneficios principales: 1) Este proceso ha sido probado para motivar y comprometer a los empleados; 2) se vuelven más responsables e involucrados cuando el cambio de comportamiento se afianza porque lo detectan ellos mismos; 3) Con el tiempo generas confianza en los empleados, ya que empezarán a resolver sus propios problemas.

Obviamente, estos dos estilos pueden estar en contraposición. Pero son herramientas muy efectivas. La pregunta es cuál utilizar y cuándo. Por lo general, deberías utilizar el *coaching* de habilidades con los empleados que necesitan mucha guía, o los que son nuevos en tareas complejas. Pero, a medida que tus empleados se desarrollan, debes cambiar al *coaching* de claridad.

Ahora, veamos los cuatro temas de conversaciones de *coaching* que debes tener con los empleados en su entorno profesional.

El primero es resolución de problemas. Aquí es cuando los empleados se han topado con un problema en un proyecto, y necesitan ayuda para buscar sus posibles soluciones.

En segundo lugar, el rendimiento. Este se trata cuando los empleados necesitan desarrollar o mejorar una habilidad profesional para hacer bien su trabajo.

El tercero es el desarrollo. Este se usa con un empleado de alto rendimiento, cuando se trata de prepararlos para el siguiente nivel de habilidad o responsabilidad.

Finalmente, **existe el de la planificación de carrera.** Este se usa para ayudar a un empleado a identificar y planificar sus objetivos profesionales a largo plazo.

Con todas estas conversaciones, el entrenamiento de habilidades va a tomar menos tiempo. Pero, si deseas desarrollar más la competencia y la motivación de tus empleados, debes usar *coaching* de claridad. Como cualquier habilidad, el *coaching* de claridad será más fácil, si sigues practicándolo.

Soy un gran fan de la cultura de *coaching* en una organización. Se conoce sus beneficios, como por ejemplo en el retorno de la inversión; o sea, una mayor productividad, el compromiso de los empleados y la eficacia de los líderes. Los empleados estarán más satisfechos y agradecidos a los gerentes que usan *coaching* de claridad, porque se sienten valorados, escuchados y empoderados.

Así que desarrolla tus habilidades hoy, y comienza a cosechar los beneficios que brinda la capacitación a tus empleados.

Abordando problemas de rendimiento

Hablar sobre el rendimiento es un curso completo por sí solo. Lo ideal es que en tu proceso de gestión del rendimiento se aborden los problemas de rendimiento en la organización. Si lo que buscas es eso, entonces implementarías es este proceso lo que sigue.

Obviamente, hay cuestiones legales en la implementación del proceso de rendimiento. Así que te recomiendo que consultes con RR.HH. para que te orienten a resolver estas situaciones.

Los problemas de rendimiento no se desarrollan de la noche a la mañana. Por lo general se originan en pequeñas situaciones. Como gerente debes abordar en seguida cualquier incidente, para que no se conviertan en un problema. Mira cómo hacerlo.

Primero, comienza con la claridad. En el momento en que una persona se convierte en tu subordinado, debes tener una conversación acerca de estos puntos:

- Describir sus deberes en el trabajo, que son los elementos principales de su rendimiento.

- Cómo medirás ese rendimiento. Dile con qué frecuencia y qué datos o indicadores utilizarás para medir su éxito.

- Programar reuniones formales e informales y cómo se van a revisar sus logros y problemas.

T800-1T

- El proceso de mejora de rendimiento. Cuándo un empleado necesita mejorar, el gerente le dirá cómo y cuánto tiempo tendrá para hacerlo. Si los empleados no mejoraran, también hablaremos de lo que eso significa.

Honestamente, si cada gerente tuviera esta conversación con sus empleados, avanzarían un largo camino para resolver las cosas.

En segundo lugar, honra el plan. Tienes que cumplir con el estándar que creaste. Como gerente, es tu responsabilidad impulsar el proceso de retroalimentación y revisiones de rendimiento, en las fechas programadas, y con los indicadores que ya describiste.

Tercero, aborda las preocupaciones de inmediato. Si incluso te estás preguntando sobre el rendimiento de un empleado, es hora de hablar. Es mejor abordar las cosas cuanto antes porque tienes oportunidad de hacer que las cosas cambien. Y ya que estás abordando las cosas temprano, usarás frases como:

- *"últimamente he notado que...",* o

- *"me pregunto si hemos tenido una falta de*

comunicación, porque...".

No hagas ninguna suposición sobre el comportamiento de tus empleados, plantéales tus preguntas e inquietudes; y desde su perspectiva puedes descubrir la necesidad de algo de formación o incluso una falta de claridad de tu parte. Porque tu objetivo es ayudarlos a mejorar. Asegúrate de que el empleado comprenda en qué debe cambiar y cuándo. Finaliza la conversación con un plan programado de acciones a seguir. No podrías ser tan detallista en cuanto a esos cambios de comportamiento. Por supuesto, siempre es una buena idea mantener un archivo con tus notas.

Cuarto, ten pendientes los problemas hasta que se resuelvan. El empleado cumplirá o no ese plan de acción. La mayoría corregirá las cosas. Si lo hacen rápidamente reconoce su esfuerzo. Es una parte importante del proceso. Pero algunos se desviarán todavía. En este caso, ten otra reunión con un tono más serio para expresar tus nuevas observaciones y tu preocupación de que no hubo los cambios que esperabas. Llega a un nuevo acuerdo con objetivos y plazos claros. Si cambian, elogia sus esfuerzos.

A veces los problemas continúan, y allí déjales en claro que eso está ocurriendo. El mayor error que cometen los gerentes es asumir que sus empleados saben cuándo están en problemas. No importa cuántas veces hayas hablado con ellos, no lo sabrán hasta que se los digas. Utiliza frases como *"esto se está convirtiendo en un problema. Debes corregirlo, o experimentarás las siguientes consecuencias"*.

Diles que sí afectará su revisión de desempeño, crecimiento o capacidad de permanecer en la empresa. Es mejor ponerlos en acción con firmeza y que tengan tiempo de recuperarse. Tendrás la seguridad que les diste todas las oportunidades para solucionar los problemas. Si no ocurre, estarás en paz si tienes que dejarlos ir.

Si ese es el caso, trabaja con alguien en RR.HH. y asegúrate de que estás tomando las acciones adecuadas. Por lo regular, hay reglamentos muy específicos en términos de comunicación y documentación que hay que cumplir.

El objetivo de proporcionar retroalimentación sobre rendimiento es ayudar a los empleados a dar lo mejor de sí mismos, maximizar su potencial y guiar su desarrollo profesional. Tu trabajo es darles información clara y la oportunidad de hacerlo. El resto depende de ellos.

Cómo dejar ir a los empleados

Es una de las partes más difíciles de ser gerente. No

creo que alguien lo haya disfrutado. Pero, tomar decisiones difíciles es parte de tu papel como gerente, y en algún momento tendrás que hacerlo. Por eso hay que estar preparados.

Lo primero que hay que saber es que el cese del empleo de alguien puede tener sus propias complejidades, que se rige por diferentes reglas, políticas e incluso leyes. También hay circunstancias en torno al empleado que podrían impedir su remoción.

Es por eso que tu primera estrategia es siempre involucrar cuanto antes a RR.HH. y a profesionales legales porque tus palabras y acciones tienen un impacto mayor de lo que crees. No puedo enfatizar en esto lo suficiente.

Hablemos sobre los diferentes tipos de rescisión, terminación o separación de trabajo.

El primer tipo de terminación es voluntario. La persona se va por su propia voluntad, como la renuncia o jubilación del puesto. Lo que no implica realmente que los dejes ir. Pero, como gerente, debes conocer que hay políticas y procedimientos que la rigen.

Además de finalizar su situación laboral, hay otras consideraciones en cuanto a beneficios, traspaso de archivos y registros, etc.

T800-1T

También hay algo llamado rescisión por mutuo acuerdo. Esto incluye cosas como la finalización de un contrato de empleados, forzado de renuncia y el abandono de trabajo.

El segundo tipo general de despido es involuntario. La persona no elige irse, son obligados. Pueden haber diferentes razones.

Algunos ejemplos comunes incluyen las desvinculaciones, por eliminación de puestos de trabajo. Esto se conoce como rescisión sin perjuicio, porque no es debido al rendimiento de los empleados. Por lo que son elegibles para volverlos a contratar en el futuro.

Ser despedido es cuando al empleado lo separan por una razón específica, relacionada con el rendimiento o con alguna infracción ética o legal. Esto se conoce como terminación con perjuicio o por causa justificada, y la persona no es elegible para recontratarlo.

Y luego, hay situaciones en las que el empleado es despedido injustamente, porque el gerente y/o la organización violó leyes o políticas laborales. Estas a menudo pueden conducir a juicios costosos.

Finalmente el tercer tipo de terminación es por muerte. Obviamente, esto no encaja en ninguna de las categorías anteriores, y se rige por leyes, políticas y procedimientos que involucran a familiares y beneficiarios del empleado fallecido.

Las leyes laborales son complejas y cambiantes. Como gerente, no se espera que las conozcas, pero sí que sepas que los empleados desvinculados tienen cuestiones legales importantes, tanto para los intereses de ellos como de la organización. Recursos Humanos no solo puede guiarte, sino también liderar y conducir aspectos del proceso.

Cuando se despide a un empleado, tú estás involucrado de alguna manera. Con mucha frecuencia se produce una reunión cara a cara, en la que si no la lideras, al menos participas. Y es un desafío, que puedes enfrentar al seguir estos simples pasos:

1.   **Prepárate**. Revisa el proceso y aclara lo que necesitas saber y decir. Esa es tu responsabilidad.

2.   **Practica.** Ponerte en cada rol en la conversación te dará más confianza para la reunión, especialmente en las situaciones que más te preocupan, como que la otra persona llore o se vuelva hostil. La idea es que sepas que sí puedes manejar cualquier cosa.

3. **Conecta con tu compasión.** A veces toda la formalidad de este proceso puede hacernos creer que no podemos tener compasión. Es normal que puedas no ser capaz de decir ciertas cosas, pero debes ir a la reunión con compasión en tu corazón y el compromiso de tratarlos con delicadeza y respeto. Podrías incluso preocuparte por tu empleado, por su futuro, y desear lo mejor para él, aunque se han llevado muy mal, incluso hasta sentir tristeza o arrepentimiento porque las cosas no salieron mejor.

Recuerda que las personas encajan perfectamente y también prosperan en otros lugares. Dejar ir a la gente nunca es fácil, pero tu papel como gerente es hacer que el proceso sea lo más fluido posible para el empleado y la organización.

Gestionando equipos de trabajo

Actualmente en los ambientes de trabajo cada vez se trabaja más en equipos. Un aspecto importante de la gestión del rendimiento incluye el desempeño del equipo, y será una manera de evaluar el rendimiento de cada empleado de acuerdo a su participación en este, lo mismo que al equipo. Un equipo es diferente de un grupo de individuos, que forman un departamento o un grupo multifuncional. Para ser un equipo, el grupo debe tener las siguientes cuatro cualidades:

1. Deben tener un propósito común. Un objetivo claro a lograr.

2. Sus esfuerzos deben ser interdependientes. De lo contrario, solo serán contribuyentes individuales, y ese no es un equipo.

3. Deben compartir la rendición de cuentas. Todos son responsables del éxito o fracaso del grupo.

4. Los miembros deben estar seguros de que el resultado será mejor trabajando juntos que solos.

Gestionar un equipo de alto rendimiento requiere esfuerzo, y dedicar tiempo implementando estrategias. Esto también ayuda a encontrar las razones por las que el equipo falla. Estas son: carecer de metas, planes o compromiso claros; falta de confianza y de corresponsabilidad por los resultados; incapacidad para lidiar con conflictos, y recursos insuficientes.

GESTIONANDO A LAS PERSONAS

En este capítulo cubriremos las formas en las que puedes administrar o gestionar a las personas.

De colega a gerente

Si te ascendieron a gerente, te felicito. Esta es tu gran oportunidad. Y como la mayoría de las personas, estarás emocionado; y al mismo tiempo, nervioso.

Hablemos sobre cómo se pasa de ser un compañero a un gerente, porque estoy seguro de que quieres hacer un buen trabajo y ser alguien en quien sus empleados confíen y respeten. De hecho, ese debe ser tu objetivo: construir una relación con ellos basada en eso.

Si eres nuevo y no has trabajado con tus subalternos, puede ser más fácil entrar como autoridad, porque no tienes una relación previa con ellos. Sin embargo, como no hay una noción preconcebida de ti, tendrás más trabajo para que te conozcan y confíen.

Si te ascendieron a supervisar a tus compañeros, como se conocen, ellos creerán saber cómo los administrarás, y tú cómo actuarán. Esto puede o no ser preciso. Lo que sí es necesario es rebasar estas suposiciones.

Ya sea que te asciendan desde dentro o te contraten desde fuera, las siguientes estrategias debe guiar tus acciones en las primeras semanas y meses:

1.   Ten paciencia con su nerviosismo.

Probablemente tú mismo recuerdes haber tenido un nuevo jefe, y habrás estado igual de ansioso que tus empleados de ver qué tipo de gerente vas a ser. Esto significa que se comportarán de la mejor manera, pero ellos serán cautelosos sobre lo que compartan contigo. También intentarán hablar todo el tiempo de sus prioridades e inquietudes, y es bueno que las conozcas, lo mismo que a tu gente. Pero por nerviosismo, no te comprometas a nada hasta evaluar todo.

2.   Aprende más sobre ellos.

Lo mejor que puede hacer cualquier gerente nuevo es reunirse con cada uno de sus empleados, y las preguntas que tendrías que hacer serían: *"háblame sobre tus funciones"*, *"me gustaría escuchar tus prioridades y los desafíos que enfrentas"*, *"¿cómo podría apoyarte en tu trabajo?"*, *"¿qué te motiva e involucra más en tu trabajo?"*. Agradéceles la información, pero no hagas ninguna promesa sobre lo que harás o no, porque es demasiado pronto. También creo que es una buena idea reunirse con otros gerentes y con tus superiores. Les haces las dos primeras preguntas. Aprenderás mucho.

3. **Recopila información.** Es importante si eres nuevo en la organización. Pero lo es más si ya estabas trabajando allí. Pues, a medida que asciendes, tendrás una nueva perspectiva sobre las cosas. Sabes más de tus superiores, de los objetivos y desafíos de la organización, y tienes acceso a información confidencial, como presupuestos y del personal. Cuando asciendes, es un mundo completamente nuevo. Por lo que tómate un tiempo para aprender todo lo que puedas, antes de tomar decisiones o implementar nuevas ideas. Que tu mayor interés sea explorar a fondo la situación real de la empresa.

4. **Sé transparente con tus valores y filosofía.** Mientras pienses cómo implementar cambios, puedes compartir tu integridad, valores y filosofía de gestión, y así es como se empieza a generar confianza, por que tus empleados están nerviosos y necesitan saber cómo vas a ser.

5. **Tómate el tiempo para elaborar tu**

estrategia. Una vez que hayas reunido la información que necesitas, mientras maximizas fortalezas y oportunidades, piensa en cómo puedes abordar y resolver algunos de tus desafíos. Todo esto debe ajustarse a la forma de trabajo de la empresa y con los recursos que cuentas. Elaborar un plan general te ayudará a realizar cambios en un tiempo determinado. Además, te guiará a tomar decisiones en toda situación.

6.   **Mantén el ritmo.** Sé que puedes estar ansioso por comenzar, pero si te apresuras demasiado, puedes dañar accidentalmente las relaciones que estás tratando de construir con tus empleados.

Tu efectividad como nuevo gerente depende completamente de tu capacidad para construir relaciones laborales positivas con personas en toda tu organización. Así que concéntrate en eso primero, y el resto vendrá.

Generando confianza con los demás

Generar confianza es una práctica continua. Algo que haces todos los días con tus palabras y acciones.

Como gerente, tu éxito radica en crear un entorno en el que seas considerado digno de confianza; no solo por tus subalternos, sino también por todos en la organización. Entonces, ¿cómo puedes generar confianza? Veamos las prácticas claves.

1. **Ten integridad con tus palabras y acciones.** Esto significa que hagas lo que dijiste, que lo sigas paso a paso, que cumplas plazos, y que cumplas tus promesas. No de vez en cuando, sino todo el tiempo. Cuando no puedas cumplir con algo asume la responsabilidad, explica por qué, y incluso discúlpate si es necesario.

2. **Comparte tus valores.** La gente tiene que conocerlos para evaluar si eres íntegro o no. Sabemos que las personas confiarían en ti dependiendo de tus valores, aunque no estuvieran de acuerdo con ellos.

3. **Toma decisiones éticas.** La ética es otro aspecto importante de la integridad. Cada cultura o sociedad tiene sus propias normas que determinan lo que se considera ético. Muchas organizaciones tienen su propio código de ética que describe valores compartidos, o políticas y prácticas específicas sobre las cuales hay que tomar decisiones.

4. Escucha sinceramente a los demás. Escuchar a los demás sin juzgarlos les da libertad de expresarse siempre. Debes brindar la seguridad de que escucharás sus preocupaciones, necesidades y prioridades. Eso sí, debes escuchar con respeto e interés, lo que generará confianza. Pero esto no implica que debas complacerlos en todo lo que te pidieran.

5. Sé responsable de tus acciones. Parte de la gestión es asumir riesgos y tomar decisiones. Si no tienes éxito y culpas a otros o inventas excusas, dañarás su confianza; así como también, si te atribuyes el mérito del trabajo de otras personas. Admite tus errores y siéntete orgulloso de tus victorias.

6. Sé honesto en tu comunicación. Tu palabra tiene que tener valor. Esto no es solo cumplir promesas, sino ser honesto en todo lo que digas. Significa que ofrezcas evaluaciones realistas, críticas francas y opiniones claras; que podrían ser inquietantes para alguna persona que no le guste lo que le digas o puede sentirse herido. Busca formas de comunicarte también con amabilidad y empatía. Les será más fácil escuchar lo que tienes que decir.

7. **Responde a los comentarios.** Siempre va a haber comentarios, y cómo los manejes es parte de generar confianza. Para no afectarla, no debes ponerte a la defensiva o disparar al mensajero. Como gerente, tú mandas en la relación, y debes buscar esos comentarios para luego hacer cambios. Tómate los comentarios muy en serio. Si no hay cambios, comenzarán a desconectarse y pensarán hasta en irse. Antes de hacerlo, podrían intentar una o dos veces darte observaciones. Recuerda que la gente deja a un jefe, no a una empresa. Busca opiniones sobre cómo van las cosas, tanto buenas como malas, incluso quejas, y valora su honestidad. Cuando alguien tenga el coraje de contarte algo preocupante, también agradécele. Realmente es una muestra de consideración. Todo esto te ayudará a tomar buenas decisiones.

8. La última y más importante práctica. **Evitar una cultura de miedo.** Es una de las **peores cosas** que puede suceder en el entorno laboral. Cuando la gente tiene miedo, no hay confianza; y lo que es peor, no habrá creatividad ni innovación. Vital para el éxito de todas las organizaciones.

Enfócate en generar confianza y cuida la armonía. No permitas que tus empleados se traten mal entre ellos ni toleres cualquier comportamiento que ponga en riesgo la seguridad de alguien. Si debes arbitrar una controversia, que las personas se sientan seguras de que el proceso será justo.

Pero el trabajo no se detiene allí, porque para generar confianza se necesita tiempo y puede ser destruida de la noche a la mañana. Un error de tu parte puede deshacer meses de arduo trabajo. Por lo que establecer confianza debe ser tu principal práctica diaria.

Por lo tanto, la confianza debe ser entendida como una prioridad, que se contruye aplicando todas estas prácticas.

Motivando y fomentando compromiso en otros

Como gerente, tienes la responsabilidad de formar a los demás en lo que se refiere a la empresa. Ayudar a otros a desarrollar su potencial incide en el resultado final, que podemos medir en términos de productividad, innovación y satisfacción del cliente.

Desarrollar a otros habla bien de ti. Si tu equipo prospera y sobresale, los altos ejecutivos se fijan en eso. Lo que indica que eres un gerente con un alto potencial para futuras oportunidades.

Como gerente, debes motivar e involucrar a tu equipo. Hay factores claves que inspiran a las personas. Veamos primero a la motivación. Los seres humanos están motivados por tres fuerzas impulsoras en los siguientes niveles:

1. **Necesidad de supervivencia física y seguridad.** Esto incluye desde las necesidades más básicas: alimentos, aire y agua, a nuestras versiones más modernas: comprar una casa, pagar el cuidado de la salud, tener estabilidad laboral, etc. Cuando se atiende este nivel podemos enfocar más energía en el segundo.

2. **La necesidad de pertenecer.** Esto incluye nuestras necesidades sociales: de tener amigos y seres queridos y poder pasar tiempo de calidad con ellos. Además, este nivel incluye nuestro sentido de competencia y logros en el plano profesional. Cuando se cubre este nivel, podemos centrarnos en el siguiente.

3. **La necesidad de alcanzar nuestro máximo potencial**. Los humanos se sienten atraídos por convertirse en lo mejor que puedan ser. Esto no solo incluye excelencia personal, sino también expresión de creatividad, y marcar la diferencia con los demás. De hecho, investigaciones

convincentes han demostrado que cuando se alcanzan los otros niveles, los humanos están más motivados al tener autonomía, desarrollar dominio de situaciones y formar parte de algo importante.

Ahora veamos el compromiso.

El compromiso es el nivel de apego positivo que los empleados sienten hacia su trabajo y organización. Lo que sirve como una medida para la productividad y crecimiento. Las principales causas de la falta de compromiso de los empleados son:

- sentirse invisibles, porque los esfuerzos no son medidos o reconocidos;

- no ser el trabajo o lugar de trabajo como se esperaba;

- haber poca o ninguna retroalimentación o entrenamiento, y no haber acceso a desarrollo profesional;

- estar sobrecargados de trabajo o estresados, y

- haber falta de confianza en los jefes.

T800-1T

Así que comprometer a cada empleado obviamente implica atender estos problemas. No es solo cómo lo tratas una sola vez, sino cómo lo tratas a diario. Debes contratar a cada persona en el puesto correcto, y que la descripción de ese puesto coincida con sus verdaderas funciones. Que se brinde capacitación y desarrollo, y que se tenga un proceso de gestión de rendimiento que mida con precisión sus aportes. Pero el verdadero espíritu de participación del empleado vive en las relaciones que los gerentes construyen con su gente.

Aquí hay algunas estrategias específicas para construir una cultura de compromiso en los empleados a través de las relaciones individuales:

1. **Llega a conocer a tu gente individualmente.** Enfócate en la persona totalmente y no solo en lo laboral. Conocer más sobre sus fortalezas, habilidades y estilos de trabajo, conflictos de comunicación y liderazgo. Profundiza sobre quiénes son como personas a través de tus observaciones, interacciones y discusiones, considerando lo que sabes acerca de sus valores, experiencias, necesidades y prioridades.

2. **Utiliza tus reuniones personales no solo para discutir su desempeño, sino también para apoyar adecuadamente a sus**

planes de desarrollo. Asegúrate de que sus intereses y objetivos profesionales sean una parte regular de tus revisiones. Proporciona entrenamiento constante para mejorar sus habilidades, para luego brindarle oportunidades donde las ponga en práctica, como ser asignado a un proyecto o comité.

3. **Usa indagación apreciativa para obtener lo mejor.** La indagación apreciativa se basa en la idea de que en lugar de centrarte en sus defectos o debilidades, debes centrarte en las fortalezas y éxitos de las personas. En la indagación apreciativa, se le pregunta a una persona o un equipo sobre sus momentos de éxito; en los que se han destacado en algo, o han tenido un pico de rendimiento. Luego analízalos a cada uno. El objetivo es replicar ese éxito en las actuales circunstancias.

4. **Celebra sus éxitos tanto grandes como pequeños.** Haz esto con cada individuo y con el grupo. Las personas están más motivadas cuando se dirigen hacia una meta y están conscientes de su progreso, en lugar de que les resalten sus fallas. Cuando los empleados se sienten respetados y empoderados pueden afrontar retos con actitud positiva y gran espíritu de colaboración.

Como gerente, considera cómo puedes usar estas ideas para motivar e involucrar a tu gente. Los beneficios para tu organización son numerosos.

Delegando responsabilidades

Para tener éxito como gerente, debes aprender el arte de delegar. Realmente es un arte, porque para hacerlo bien, requiere un análisis cuidadoso y decisiones conscientes. La delegación es una interacción de tres elementos: **el delegador**, tú; **el delegado**, la persona a la que le estás entregando una tarea, y **la organización** donde esa interacción se realiza.

La delegación es el proceso de pedirle a un empleado que haga una tarea sin dejar de ser responsable de ella. Puede ir desde darle a alguien unas simples tareas diarias, hasta nombrarlo líder de un proyecto complejo. Las delegaciones pueden ser de corto o largo plazo.

Pero la delegación no se trata solo de transferir tareas. En realidad, es una gran oportunidad de motivar e involucrar aún más a tus empleados. De crear oportunidades para su desarrollo profesional. Como gerente, estás en el papel del delegador, y eres el instrumento para hacer que el proceso funcione sin problemas.

La mayoría de la gente piensa que solo hay una fase, en la que le pides al empleado que haga una tarea, y la hace. Pero, la delegación exitosa es más compleja; y requiere que tengas en cuenta las habilidades de las personas en la gestión de tareas y proyectos. Cuando realizo consultorías en las organizaciones, enseño mis cuatro fases del modelo de delegación, que son: evaluación, traspaso, apoyo e informe. Las fases son lineales, lo que significa que debe completarse una, antes de pasar a la siguiente.

La primera fase se llama evaluación. En esta fase evalúas aspectos de la planificación, tu carga de trabajo y tus empleados. Esto ayudará a determinar qué puede, qué debe, y a quién debe delegársele tal o cual tarea o proyecto. El objetivo aquí es hacer coincidir las fortalezas de tus empleados y oportunidades de crecimiento, con un proyecto que les ayude a desarrollarse más.

Lamentablemente, la evaluación es la fase que la mayoría de los gerentes omiten, por sentirse presionados por el tiempo. Esto puede establecer un patrón, en el que los gerentes intentan hacen muchas cosas por sí mismos; y luego, cuando la carga de trabajo llega a ser demasiada, vuelcan tareas en otros en el último minuto. Esto no solo afecta el éxito de las tareas que se hagan, sino también puede dañar la relación entre el gerente y sus empleados. Así que tómate el tiempo para hacer esta fase, porque te preparará a ti y a tu equipo.

T800-IT

La segunda fase la llamo la entrega. En esta fase el enfoque es comunicar de forma clara los objetivos de las tareas, los recursos que se proporcionarán y el tiempo que disponen. También determina cuánta autonomía o libertad les vas a dar. ¿Sabías que en realidad hay ocho niveles de autonomía?, estos niveles cubren: quién reúne la información, quién toma la decisión y quién realiza la acción. El mayor problema en la delegación es la falta de claridad sobre qué nivel de autonomía les estás dando.

La tercera fase se le llama apoyo. En esta fase, entregas los recursos o el apoyo prometido en la segunda fase. Incluye otorgar autonomía, supervisar el progreso del empleado, entrenarlo en lo que necesite y entregar la tarea del modo en que se acordó. Que cumplas lo prometido genera confianza y respeto hacia ti.

La fase final en el proceso de delegación se llama informe. Esta ocurre una vez que la tarea está completa; y por lo tanto, termina la delegación. El empleado y tú se reúnen para discutir el resultado de la tarea, así como el proceso de delegación. Como por ejemplo: qué problemas surgieron, lecciones aprendidas e ideas para mejorar en el futuro. A medida que haya mayor destreza, tu equipo se volverá más eficaz y eficiente para completar tareas. Con la delegación obtienes el beneficio de mover algunas cosas de tu agenda, lo que te permite dedicar tiempo y energía a los proyectos que requieren tu conocimiento y experiencia.

Evitando la microgestión

La microgestión sucede cuando la delegación no se está cumpliendo y es generalmente debido a una de las tres causas siguientes:

1. La primera causa es una **evaluación incompleta**. Como mencioné anteriormente, la fase de evaluación es la fase que la mayoría de la gente se salta, porque a menudo delegan bajo presión. Tienen prisa por terminar algo durante un momento estresante, y eso nunca resulta bien.

2. La segunda causa es **falta de claridad sobre el nivel de autonomía.** Un empleado se siente presionado o *microgestionado* es porque pensó que obtendría un nivel más alto de autonomía del que tiene, y es responsabilidad del gerente dejar claro el nivel. Cuando dejas claro el nivel que le estás dando al delegado eliminas cualquier confusión o suposición errónea que se haya dado. Lo recomendable sería que cuando los empleados vayan teniendo éxito, otorgues mayores niveles de autonomía. Esto demuestra que confías en tus empleados, los motiva y compromete.

3. La tercera causa de la microgestión es

cuando el gerente viola el nivel acordado de autonomía. Cuando es innecesaria una microgestión al delegado. En otras palabras, el delegado habría sido capaz de completar la tarea con éxito, pero el gerente intervino. Lo que no solo lo frustra, sino que también coarta su oportunidad de aprender y crecer. A veces el gerente ni siquiera es consciente. Cree que está ayudando, pero no se da cuenta de lo que eso implica. Con frecuencia, que los gerentes violen la autonomía acordada se debe a que se resisten a dejar hacer a otros. Aunque pudo haber tenido buenas intenciones, no es capaz de controlar su reacción personal a la forma en que se cumpla la delegación.

Entre los orígenes más comunes de la *microgestión* están los siguientes:

1. **Pensar que es más fácil o rápido hacerlo tú mismo.** Esto es complicado evitarlo, porque por tus conocimientos y experiencia tienes la tentación de asumir la tarea y hacerla. Recuerda que un buen gerente busca desarrollar a su gente. Necesitas darles la oportunidad de aprender aunque esto lleve su tiempo.

2. **Preocuparte de que tu personal tiene exceso de trabajo, y no pueden hacer**

nada más. Hay que recordar que los empleados están más satisfechos y motivados cuando tienen oportunidades de crecer. Habla con ellos e intercambien ideas, o incluso elimina tareas innecesarias para dar cabida a las nuevas tareas.

3. Perder el control o la importancia. La delegación implica la pérdida del control directo, y esto puede incomodar a algunos gerentes. Pero, lo mejor de la delegación es que empuja a todos a crecer un poco. Incluso tú. Recuerda que puedes vigilar las cosas con el entrenamiento y evaluando sus progresos, sin que le quites libertad a tu empleado para desarrollar nuevas habilidades. Si sabes que tu empleado puede producir un trabajo, sé más flexible con su forma de producirlo.

Así que intenta estas estrategias para ayudarte a superar la tentación de la microgestión. Parte de cómo se evalúa a un gerente es la forma en que su equipo crece y se desarrolla. Así que invierte en tu carrera también. Busca consultoría profesional para ayudarte. Recuerda que el crecimiento de tu equipo depende de tu capacidad para dejarlos intentar.

T800-1T

Resolviendo conflictos

¿Cómo te sientes acerca de los conflictos? Mucha gente piensa que el conflicto es algo malo, que debe evitarse o resolverse tan rápido como sea posible. Pero el conflicto es en realidad un subproducto natural del desarrollo de diversos grupos de personas. En cierta medida el conflicto es saludable, y contribuye al crecimiento del empleado y de la organización.

Como gerente encontrarás que lidiar con los conflictos es una parte normal de tus responsabilidades. Un modelo que es muy útil conocer es el de **las cinco etapas del desarrollo de equipos de Tuckman.** De estas etapas vamos a hablar en este momento:

1. **Etapa de formación**. En esta etapa se conocen las diferentes personalidades de los integrantes de un grupo o equipo de trabajo. Aquí el líder marcará la dirección a seguir y las tareas concretas.

2. **Etapa de enfrentamiento**. Los integrantes del grupo comenzarán a manifestar sus caracteres y opiniones contrapuestas que originarán los primeros conflictos. La función del líder es impulsar la participación de todos en un clima de

armonía y asertividad.

3. **Etapa de normalización**. Es cuando se establece la unión del grupo. Sus integrantes encuentran formas efectivas de amoldarse y compartir ideas. La labor del líder es actuar como facilitador, y los deja que tomen sus propias decisiones.

4. **Etapa de desempeño.** En esta etapa la coordinación del grupo aumenta, reforzando el rendimiento y reduciendo los conflictos. Pueden pasar en esta etapa bastante tiempo. Lo mejor que el líder debe hacer es delegarles tareas y proyectos, brindándoles confianza y respeto.

5. **Etapa de disolución.** Esto es cuando el proyecto está terminado, y el grupo debe disolverse. Organizan informes y documentos, y celebran sus éxitos.

Debes esperar conflictos y tener la satisfacción de manejarlos. El objetivo es conocer la diferencia entre un conflicto saludable y uno tóxico. Puedes identificar el conflicto tóxico si la gente usa palabras y acciones insultantes o degradantes, o debilita los esfuerzos del otro de forma disimulada.

El conflicto tóxico solo se muestra cuando la gente no puede resolver sus diferencias a través de una forma saludable. Para ello, crea un entorno donde el conflicto saludable sí se origine. Aquí hay algunas preguntas excelentes para hacer: *¿puedes identificar cuál es la fuente del conflicto?, ¿cuáles son tus necesidades y preocupaciones en esta situación?, ¿hay alguna agenda oculta, intereses creados o apegos emocionales en juego?, ¿cómo definirías los puntos de vista de otras personas?, ¿dónde están sus puntos de acuerdo, y puedes construir sobre ellos?*

Identifica algunas posibles soluciones para sus diferencias. Recuerda, el objetivo no es prevenir el conflicto. Acéptalo como una forma de ayudar al grupo a crecer y prosperar.

Procurar reuniones productivas

Hablemos de reuniones. Es importante recordar que las reuniones forman parte de tu visión general, de cómo gestionas a las personas, sus proyectos, y rendimiento.

Para que se alineen con tu filosofía y estilo de gestión, piensa en las reuniones como el momento y el lugar en el que motivas e involucras a las personas, y promover entre otras cosas, ideas, metas y autonomía.

Entremos en algunas consideraciones y estrategias para liderar reuniones productivas. Las llamo **las cuatro pes de las grandes reuniones**:

1.   **Ten claro el propósito.** Es importante saber lo que esperas lograr, con lo que evitarás reuniones innecesarias. Las reuniones adoptan muchas formas: de debates uno a uno; reuniones de equipos de proyectos, y presentaciones para grupos de personas. Considera estas preguntas que te ayudarán a aclarar el propósito: *¿el objetivo de esta sesión es difundir información a un grupo de personas, o que las personas compartan información entre sí?, ¿necesitan trabajar juntos para identificar la fuente de un problema e intercambiar ideas de soluciones?, ¿tomarás decisiones o participarán todos en eso?, ¿buscas compromisos de las personas para realizar acciones?*

2.   **Elige a las personas.** Obviamente, invita a las personas que necesitan estar allí para lograr ese propósito. No todos necesitan estar en cada reunión, así que sé reflexivo acerca de a quién invitas. Para prepararte, debes pensar en estos temas: *¿los participantes se conocerán entre sí?, ¿cuáles son sus personalidades?, ¿es probable que sean competitivos o colaborativos?, ¿que los distraería y qué necesitarán saber para poder*

participar plenamente?

3. **Prepárate para la reunión.** Como la persona que convocó la reunión, eres responsable de tener todo listo. Esto incluye elegir el mejor momento y lugar que sea más propicio para lograr tu objetivo. Crea una agenda que te permita esbozar lo que cubrirá la reunión, y cómo fluirá la información. Es mejor usar verbos de acción como *"demostrar"* y *"decidir"*. Indica los nombres de las personas que liderarán o hablarán en varias partes de la agenda. Si te preocupa que la reunión no se extienda, puedes indicarles cuántos minutos tiene cada uno. Si tu reunión es una continuación, toma unos minutos para resumir la anterior, pero deja la mayor parte del tiempo para los problemas actuales. También es una buena idea abrir la reunión con algo pequeño, luego tratar los temas más profundos e importantes, y terminar con un resumen. Distribuye con anticipación la agenda a las personas, lo que les dará tiempo por si necesitan preparar algo.

4. **Diseña un proceso para facilitar la reunión.** Debe estar de acuerdo con el resultado que esperas lograr y las necesidades de los participantes. Tal vez tus reuniones deban seguir reglas formales; sin embargo, he aquí algunas pautas generales:

a) considera comenzar y terminar a tiempo, esto demuestra que respetas a los participantes;

b) comienza la reunión revisando la agenda, y haciendo presentaciones si la gente no se conoce;

c) usa algunas herramientas para mantener la discusión encaminada. Una opción se llama **rebote**: si la gente se sale del tema, lo reconoces y les dices que es un gran tema para abordar en otro momento, pero que volvamos a centrarnos en la discusión actual. A algunas personas les gusta usar el **estacionamiento**, donde colocas temas y sugerencias que deseen plantear más adelante. También puedes utilizar el **"reloj para hablar"**, donde dices cosas como *"Lisa dará su informe en los próximos tres minutos"* o *"nos quedan dos minutos para discutir este tema de la agenda"*,

d) si tienes decisiones que tomar con ellos, define cómo lo harás, por ejemplo: **por mayoría gana**, o **con base a criterios que consideres más válidos**, y si los votos serán públicos o privados.

Lo más importante que debes hacer es fomentar la participación constructiva del grupo, e involucrar a las personas en ese proceso. Haz preguntas abiertas, como las del modelo de *coaching* de claridad que hablamos en un tópico anterior.

A lo largo de la reunión resume los puntos principales, e identifica los pasos de acción, quién hará qué, y para cuándo.

Concluye la reunión con una serie de comentarios finales. Y realiza seguimiento de los compromisos a través del envío de minutas o actas directamente a los miembros, o publicadas en línea en un lugar apropiado.

Las reuniones son una parte necesaria del mundo laboral, pero utilizando las cuatro pes: propósito, preparación, personas y proceso, puedes crear reuniones que sean productivas e interesantes.

Enfrentando asuntos generacionales

Veamos algunos de los rasgos claves de cada generación. Hay diferentes maneras como se comportan las generaciones todos los días; es decir, lo que hoy te sirve ya no te sirve mañana. La generación es un grupo de personas en toda sociedad que comparten valores, actitudes, visiones del mundo y comportamientos.

Las generaciones están influenciadas por la vida familiar, educación, medios, y eventos mundiales, pero son únicos en un contexto cultural.

Al hacer un enfoque generacional damos pinceladas amplias sobre grupos de personas, pero no acerca de cada individuo en esas generaciones.

Gestionar a nivel de generaciones es una continuación de lo anterior. Encuentra formas de motivar e involucrar a estos grupos. Para hacerlo, usa las siguientes estrategias:

1. **Dale importancia y comprende las diferencias y fortalezas generacionales.**

2. **Enfócate en involucrar a cada individuo.** Conoce a tu gente y lo que les importa. Aunque las tendencias pueden ser útiles, pueden conducir a prejuicios.

3. **Sé flexible.** La generación es sólo un aspecto de las características de su gente. Sus valores, cultura y experiencias de vida también juegan un papel clave. Acepta todo lo que origina la diversidad. No hay una sola forma de manejar, ni funciona en todos los entornos.

4.   **Cuídate de tensiones naturales.** A medida que conoces las diferencias generacionales podrás intuir dónde puede surgir un conflicto. Esto te ayudará a saber cómo y cuándo suavizar posibles malentendidos o fallas de comunicación.

5.   **Aprovecha y maximiza sus fortalezas a través de guía y entrenamiento.** Si te enfocas en ayudar a maximizar el potencial de cada persona, naturalmente sacarás lo mejor de todos. Considera cómo puedes crear grupos afines tanto en sus valores, cultura y experiencias, para que tu gente use sus propias fortalezas y se ayuden mutuamente a crecer.

Gestionando a tus jefes

Si te preguntan si estás gestionando bien a tu jefe, ¿en qué piensas? Probablemente dirías "No sé si lo estoy haciendo bien, aunque creo que eso dependería del jefe". Si tienes un jefe competente, que es un buen líder, verías esta gestión como positiva para alinearte con él y que ambos se beneficien. Y si tienes un jefe que tiene alguna deficiencia profesional o personal, pensarás que gestionarlo es tratar de minimizar el impacto de esa deficiencia en ti. Sin importar en qué situación te encuentres, aquí hay algunas estrategias que puedes utilizar para trabajar de manera más eficaz con tus jefes:

1. Recopila información

La información que ya tienes de tu gerente guiará tus acciones. Recuerda las interacciones que has tenido con tu jefe; como reuniones individuales, y de departamento o de equipo, correos electrónicos, llamadas telefónicas, y documentos como informes y presentaciones.

2. Utiliza esta información para determinar las prioridades de tus gerentes

¿Cómo comunican sus prioridades?, ¿dónde concentran su tiempo y energía? Piensa en la posición que ocupan y cómo se relaciona con el éxito de la organización. ¿Cuáles son sus cinco objetivos principales y de qué forma se espera que se cumplan? También mira el organigrama. ¿A quién le reporta tu jefe? ¿Qué sabes sobre su relación, es positiva y solidaria o crítica y exigente? Hay que entender el panorama general de la vida laboral de tu jefe. Haz una lista con la información que has recabado, y mira si puedes identificar sus miedos e inquietudes.

Ahora veamos cómo todo esto se relaciona con tu trabajo: Revisa tus propias tareas y prioridades. ¿Cómo se alinea tu trabajo con las prioridades de tu jefe? ¿Dónde y cómo puedes contribuir a que él logre sus objetivos, y cómo podrías apoyarlos, aliviando sus miedos y preocupaciones? Es posible que no puedas resolver todos estos asuntos, pero lógicamente no debes empeorarlos. Piensa en sus prioridades como guía para definir las tuyas.

3. Ajústate a su estilo de comunicación

Todos procesamos la información de manera diferente, pero es imperativo que combines tu estilo de comunicación con el de tus jefes. Puedes aprender sobre su estilo considerando cómo se comunican contigo y con los demás.

Algunas preguntas para tener en cuenta: ¿con qué frecuencia se comunican?, ¿prefieren comunicación escrita o en persona?, ¿cómo tus jefes toman una decisión?, ¿siguen un proceso lineal paso a paso, que se centra en lo lógico; o adoptan un enfoque basado en cómo pueden sentirse las personas? ¿qué tipo de datos prefieren tus jefes: los datos que son hechos verificables y detalles concretos, o prefieren datos que sean conceptuales? El objetivo aquí es hacer coincidir tu estilo de comunicación con el de tus jefes y que se ajusten para tomar decisiones.

4. **Considera la acumulación de poder.** Todos acumulamos poder de alguna manera y lidiamos con ello. Algunos lo hacemos construyendo relaciones basadas en la confianza y el respeto. Otros obtienen poder controlando el flujo de información y atribuyéndose toma de decisiones. Tu objetivo aquí es asegurarte de que no estés amenazando inadvertidamente el poder de tus jefes.

5. **Busca ayuda si estás seriamente preocupado.** Si sientes que el comportamiento de tu jefe está perjudicando a tu organización, es una buena idea expresar tus inquietudes primero con él lo más claramente posible. Si no responde, deberás tomar otras medidas, como hablar con alguien de recursos humanos, o con el supervisor de tu jefe. Muchas organizaciones para estas inquietudes tienen una política de denuncia de irregularidades. Incluso te protegen regulaciones gubernamentales.

6. Lo más importante: **Sé alguien con quien tu jefe pueda contar.** Para administrar en forma efectiva necesitas establecer confianza con tu jefe. Sé íntegro con tus palabras y acciones. Proporciona soluciones, no solo problemas. Y apoya

su éxito en todo lo que hagas. A medida que generes confianza, será más probable que tu jefe busque tu opinión y te considere para otras oportunidades. También crearás un lugar donde escucharán tu retroalimentación constructiva, y tus solicitudes o necesidades.

La gestión hacia arriba lleva tiempo, pero a la larga beneficiará no solo a tu cargo, sino también a tu carrera laboral.

Administrando empleados remotos

Con la tecnología actual, es probable que tengas empleados que trabajen de forma remota. Asímismo, bajo las circunstancias actuales, más de dos tercios de las empresas a nivel mundial dan a los empleados flexibilidad en el lugar de trabajo. Esto puede ir desde el empleado que trabaja desde casa eventualmente, hasta aquel que vive y trabaja permanentemente en otra ubicación geográfica. Puedes incluso liderar equipos virtuales con miembros repartidos por todo el mundo.

Una gran cantidad de herramientas hacen esto posible. Compartir archivos en la nube hace fácil a las personas trabajar en proyectos juntos, sin estar físicamente. El correo electrónico, mensajería instantánea y videollamadas han convertido nuestros teléfonos y computadoras en dispositivos de comunicación de alta potencia que pueden cruzar continentes y zonas horarias.

Mientras que todo esto conduce a una mayor productividad, también puede generar algunos desafíos para el gerente de hoy. Exploremos algunos métodos que puedes utilizar para maximizar los beneficios y mitigar los riesgos.

- **Establece personas preparadas para el éxito con la tecnología adecuada**
  Los empleados remotos solo pueden ser exitosos si la tecnología funciona. Necesitas asegurarte de que tu gente tenga las herramientas adecuadas, que incluyen el acceso a Internet, computadoras o laptops y el *software*. Desarrolla un horario para mantenerte informado.

- **Mide el trabajo por entregables en lugar de actividades**
  Ya que te resultará difícil observar a las personas trabajando, necesitas cambiar tu enfoque por el de centrarte en los resultados de sus esfuerzos. Este cambio debe adaptarse en tu proceso de gestión del rendimiento, particularmente en lo que se refiere a objetivos, y en cómo y cuándo medir su

cumplimiento.

- **Enfócate en comunicar e incluir**
Uno de los inconvenientes de los empleados remotos es que no pueden reunirse informalmente con sus compañeros de trabajo. Para que esto no se dé, eventualmente anima tanto a tus empleados locales como a los remotos a compartir momentos amenos utilizando videollamadas. También considera incluir a tus empleados locales y remotos en la cultura de la organización. Siempre que tengas algo para los unos, mira cómo puedes crear una símil para los otros. Podrías hacer capacitaciones y eventos en sitio haciendo visualización remota. Como por ejemplo: En la celebración de cumpleaños para un compañero, considera traer una computadora portátil para que puedan asistir por video. ¿O qué tal un día de la familia en el zoológico local? Envíales entradas a ellos para que vayan al de su localidad.

- **Ayúdalos a crear un equilibrio saludable entre el trabajo y lo personal**
Estudios aseguran que los empleados remotos tienden a dedicar más horas de trabajo que sus contrapartes locales. Esto significa que no tienes que preocuparte porque no estén trabajando, pero sí porque trabajen demasiado, y haya mayor agotamiento. Analiza cómo controlarán su tiempo de trabajo para no exagerar; y que busquen un

espacio físico para definir sus actividades laborales y las hogareñas; para al final de la jornada se relajen y olviden momentáneamente sus preocupaciones de trabajo.

Vamos a volver nuestra atención a los equipos de trabajo virtuales donde tienes varios empleados trabajando juntos dispersados en diferentes lugares. Los equipos de trabajo virtuales hay de diferentes formas:

- los que están ubicados en una misma localidad sería posible que se reúnan, no así los que están en diferentes países;

- aquellos separados por zonas horarias no pueden trabajar sincrónicamente entre sí, solo por correo electrónico, perdiendo comunicaciones no verbales, originando malentendidos;

- puedes tener grupos conformados de manera desigual, en que los miembros de uno de ellos están más cercanos entre sí y otro grupo no, esto puede comenzar a crear grupillos debido a su afinidad; y finalmente

- aquellos de diferentes países e idiomas, en que su cultura puede percibir de manera hasta ofensiva,

T800-IT

comportamientos que querrían indicar confianza y respeto, originando conflictos.

Cada uno requiere diferentes tipos de orientación o apoyo. La solución a todos estos desafíos es **la comunicación y la capacitación**.

Como gerente, debes establecer estándares de cómo y cuándo usar herramientas para la comunicación. Lo que es una oportunidad para que los miembros se conozcan y generar confianza, y ayudaría cuando surja un conflicto. También considera designar a alguien como facilitador de los diferentes equipos de trabajo remotos. Esta persona se fijará en sus problemas de comunicación, y ayudará al grupo a enfrentar con éxito los desafíos. Esto es independiente de las respectivas tareas de los equipos. Aprende de tus experiencias con empleados y equipos remotos. Esto te ayudará a mejorar la experiencia con todos ellos.

GESTIONANDO NEGOCIOS

Ya hemos cubierto todas las formas en que administras a las personas y su rendimiento. Ahora vamos a ver cómo se gestiona el negocio. Esto incluye la toma de decisiones, supervisar proyectos, cumplir políticas y regulaciones, y también administrar el presupuesto.

Manejando tu tiempo

Ser gerente es realmente un acto de malabarismo: debes mantener muchas pelotitas en el aire al mismo tiempo. Por lo que debes tener un método para administrar tu tiempo y puedas atender a cada una de las cosas importantes que supervisas sin agotarte o quemarte.

Me gustaría agregar los siguientes consejos:

1. **Concéntrate en lo que es real acerca de ti**
   Gestionar el tiempo comienza contigo, y cómo tú, y solo tú, interactúas con el tiempo. Por ejemplo, cuándo puedes realizar mejor ciertos tipos de tareas. En mi caso, mi mente es más aguda hasta el mediodía. Ese es el mejor momento para realizar actividades que requieran pensar mucho, como

reuniones de entrenamiento. Considera cuánto tiempo puedes concentrarte sin descanso, y cuánto necesitas de uno para estar fresco de nuevo. Las respuestas dependen de ti.

2. Explora los diferentes componentes de la administración del tiempo

La gente suele pensar que la gestión del tiempo solo se trata de relojes y calendarios. Pero se trata realmente de cómo gestionas todas las cosas que te consumen tiempo. Esto significa que necesitas fijarte, por ejemplo, en la gestión de tu correo electrónico, programas tu calendario, e incluso cómo archivas documentos y notas.

3. Crea un sistema que respalde la forma en que realmente trabajas

Una vez que sepas más sobre ti, elige o diseña un sistema que te ayude a estar más centrado y seas eficaz.

4. Aprender a decir que no, o al menos que no ahora

Una parte importante de la gestión de tu tiempo incluye protegerlo. Todo lo bueno de un sistema se irá por la borda si continúas acumulando cosas cuando ya estás repleto. Por lo que una de tus estrategias claves es controlar el flujo de las responsabilidades que asumes. Te animo a crear tu propia lista y practicarla en voz alta hasta que te sientas más cómodo diciéndola. De esa manera, estarás listo cuando alguien te pida algo y decir que no, si te es difícil decepcionar a la gente.

Todas estas estrategias te ayudarán a estar en tu mejor momento, para que puedas administrar a otros con estilo y habilidad.

Evaluando la ejecución de proyectos

Al administrar tu tiempo, como gerente es función tuya aplicar un sistema para rastrear el progreso a tus proyectos y los de tus equipos. Como todo proyecto involucran personas, utiliza las estrategias abordadas anteriormente sobre cómo gestionar el rendimiento de equipos, abordar conflictos y tener reuniones productivas. Con lo que encontrarás algo que respalde tu trabajo y cumpla con las necesidades de tu organización.

Existen también algunos estándares a los que puedes acogerte; como el modelo *scrum* utilizado a partir del desarrollo de *software*. Algunas organizaciones han invertido en ciertos procedimientos o sistemas, que de este modo determinarán lo que harás. Si este es el caso, debes ponerte al día y asegurarte de

T800-1T

que tu equipo tenga el entrenamiento y apoyo que necesitan para utilizarlos de forma eficaz.

La administración de proyectos depende en gran medida de tu capacidad para planificar y organizar el trabajo. También es un esfuerzo de grupo, por lo que necesitas encontrar un sistema que satisfaga las necesidades de tu equipo, y que todos puedan usar de manera correcta y coherente.

Aquí hay cosas claves que debes considerar:

- **¿Cómo estás rastreando tus proyectos?**
  Necesitarás identificar fácilmente en qué situación se encuentra cualquier proyecto. Esto incluye la planificación, y si está encaminado a cumplir con los hitos y los plazos.

- **¿Cómo evaluarás la calidad de trabajo?**
  Un proyecto terminado a tiempo no es realmente un logro si el trabajo es deficiente. ¿Cómo se puedes evaluar la calidad del trabajo y hacer los ajustes necesarios?

- **¿Cómo se mantiene dentro del presupuesto?**
  Cubriré la administración de presupuestos en un próximo capítulo. Pero como gerente de proyectos

debes asegurarte de que este se realice dentro del presupuesto.

Una de las herramientas que utilizan muchos gerentes en la gestión de proyectos se conoce como el **triángulo de la calidad**. Esto esencialmente establece que la calidad de un proyecto está en función de tres cosas: 1) qué tan grande es el proyecto o su alcance; 2) cuánto tiempo tienes para completar el proyecto, y 3) cuánto presupuesto te han dado o los costos del proyecto, incluido personal.

También conocido como la **triple restricción**, este triángulo establece que la mayoría de las organizaciones quieren que sus equipos produzcan cosas que sean buenas, rápidas y baratas. La teoría del triángulo de la calidad es que solo puedes obtener dos de los tres: si lo quieres rápido y bueno, te costará más. Si lo quieres rápido y barato, entonces la calidad no será tan buena. O si lo quieres barato y bueno, entonces llevará más tiempo.

Hay una discusión en curso sobre la validez de este modelo entre los gerentes de proyecto y los líderes de las organizaciones. Tú mismo te puedes encontrar en medio de esta discusión. Por lo que formar parte de la gestión de proyectos requerirá que no solo comprendas estos elementos, sino que también los comuniques eficazmente; y eso nos lleva a las habilidades de comunicación.

En el corazón de la gestión de proyectos está tu capacidad para comunicarte dentro y fuera de la organización. Deberás poder compartir información con precisión y rapidez con los que están arriba y debajo de ti, a menudo actuando como traductor y mediador.

Como resultado, necesitas aprender a hablar y escribir con claridad. También necesitarás un sistema para rastrear comunicaciones; saber cuándo la información se ha enviado y recibido, así como identificar cuando las personas no estén sintonizadas. Tómate el tiempo para aprender y perfeccionar tus habilidades de comunicación y gestión de proyectos. No solo te preparará para el éxito, sino que te diferenciará de tus compañeros.

Manejando presupuestos

Otro aspecto clave de la gestión del negocio incluye comprender tu papel en el proceso presupuestario, ya sea que trabajes para una pequeña empresa o una gran corporación. Aprender a administrar tu presupuesto es una habilidad vital que deberás dominar lo antes posible. Y he aquí por qué.

Si tu equipo tiene éxito en sus objetivos, pero siempre supera el presupuesto, crearás problemas financieros en tu organización. Pero tu carrera como gerente prosperará si te mantienes dentro del presupuesto, e incluso buscas formas de reducir costos e impulsar la eficiencia. Administrar bien el presupuesto significa que autorizas gastos de acuerdo con el que se presentó y aprobó, y supervisas continuamente los gastos para asegurarte de excederlo.

Para administrar con éxito tu presupuesto, te recomiendo usar las siguientes estrategias:

1. **Infórmate sobre los asuntos financieros**
Deberás aprender sobre presupuestos comerciales, y en particular, en el de tu organización. Hay algunos términos y prácticas comunes que se utilizan mucho, y luego están otras que son específicas de tu rol. Por ejemplo, hay generalmente dos tipos de presupuestos para gastos o dinero desembolsado:

■ **Gastos de capital.** Son los costos relacionados con el espacio físico, como el alquiler, electricidad, y equipos de oficina. Estos generalmente son los elementos que se gastan cada mes o cada año.

■ **Gastos operativos.** Son los gastos relacionados con el funcionamiento diario de la organización; como pago de nómina, viajes y capacitación profesional.

Las organizaciones también realizan un seguimiento de los **ingresos o retornos.** Este es el dinero que ingresa a través de ventas, concesiones y otras fuentes. A los ingresos se lo analiza continuamente, comparando los ingresos previstos con los que realmente se tuvo, y en consecuencia se ajusta el presupuesto. Esto significa que los presupuestos de algunas organizaciones fluctúan y pueden aumentarse o reducirse a lo largo del año. Mientras que otros son fijos y no se ajustan para nada una vez que están fijados. La mayoría de las organizaciones tienen un presupuesto anual que se divide en trimestres, en meses o hasta semanas. Obviamente, deberás cuál es el presupuesto real que administras, y por eso es tan importante comprender estos detalles.

2. Deberás hacer preguntas
Como ¿cuánto es el presupuesto, qué gastos se han previsto y qué datos se utilizaron para hacerlo?, ¿es el presupuesto fijo o se ajustará? Si es así, ¿cuándo será?, y ¿cuándo presento mi presupuesto para el próximo año?

3. Ten un sistema para realizar un seguimiento de presupuesto

Hay empresas grandes y pequeñas que pueden tener o no un sistema de seguimiento de presupuesto. Pero, si trabajas en una organización más pequeña, en la que puedes estar trabajando a partir de hojas de cálculo, que ingresan recibos a medida que llegan, lo más importante es tener una forma de saber mensualmente cómo está tu presupuesto. Esto podría ser algo que mantengas tú mismo, o delegarlo a un empleado. Recuerda que, en última instancia, eres el responsable del presupuesto. Por lo que aún debes revisar su trabajo en caso de hayan cometido algún error. Y créeme, sucede.

4. Adhiérete a las políticas y procedimientos en tu organización

Generalmente mientras más grande es la organización, más formal y complejo es el proceso presupuestario. Puede haber una variedad de procesos de aprobación, formularios y documentos de respaldo. Además, si tu organización trabaja con financiación pública, habrá estipulaciones específicas sobre cómo se puede gastar el dinero. Por ejemplo, entrenamiento y gastos de viajes a menudo tienen un elaborado proceso de aprobación previa; o es posible que debas buscar ofertas de varios proveedores a través de un proceso formal de compras. Cuando administras un presupuesto, se espera que cumplas con estas políticas y procedimientos, independientemente de que recibas capacitación o no. Se supone que buscarás la orientación que necesitas para cumplir. Lo que nos lleva a nuestra quinta, y quizá la más importante estrategia.

5. **Busca activamente oportunidades de capacitación**

Tu organización podría ofrecer capacitación formal en el proceso presupuestario y, si es así, deberías aprovecharlo. Si no, también puedes ayudarte preguntando a tu supervisor o a un colega en el departamento financiero para que te guíe en lo que necesitas saber. Hay excelentes libros sobre administración de empresas y cursos de negocios disponibles para el público.

Administrar el presupuesto puede parecer abrumador al principio, pero estas estrategias te ayudarán sentirte más cómodo, y obtendrás un beneficio adicional: de ser un mejor gerente de tus propios fondos personales en casa.

Conociendo aspectos laborales

Es vital que comprendas las diversas leyes que se aplican para el empleo. Como gerente, tú juegas un papel muy importante para que no se cometan injusticias con tus empleados, y por ende prevenir futuros problemas legales en la organización.

A lo largo de los años las leyes laborales se han vuelto cada vez más complejas en todo el mundo. Estas cubren una amplia gama de temas relacionados con el empleo, entre otras: salario, horas trabajadas, normas de seguridad, beneficios de salud, la no discriminación y jubilación.

No se espera que sepas todo esto por tu cuenta, pero sí que tengas nociones de eso. Te ayudarán tus colegas y la gente de Recursos Humanos, que serán empleados internos, o también expertos contratados para realizar esas funciones. Deberás prestar atención a cualquier información o requerimiento que hagan tan pronto como puedas.

Puede ser que RR. HH. te pedirá que asistas a una capacitación obligatoria para que estés enterado de las disposiciones que debes cumplir con tus empleados en torno a la documentación; por ejemplo, cómo enviar solicitudes de nómina o vacaciones, y cómo documentar al empleado con problemas de rendimiento.

También te enviarán información por correo electrónico con una acción que debas realizar, con una fecha límite. Además de solicitudes que puedan parecer sin importancia en tu trabajo diario, pero en realidad sí la tienen. Si no respondes, no solo puedes poner a la organización en peligro de multas y juicios, sino que también puede afectar a tu carrera.

Como gerente eres responsable de asegurarte de que tú y tus empleados se adhieran a estas diversas regulaciones laborales.

Tomando decisiones de negocio

Todos los días tomarás decisiones sobre el negocio, y podrían tener importantes implicaciones. Este es en realidad la parte emocionante de la gestión. Tienes más responsabilidad, y junto con eso viene más influencia. Esas decisiones contribuyen al éxito o al fracaso de tu gente y de la organización.

La toma de decisiones es la capacidad de elegir un curso de acción, una vez identificada y analizada la información, habiéndose obtenido conclusiones, e identificadas soluciones viables. A menudo requiere que tomes nuevas iniciativas, innovaciones y oportunidades.

Gestores que toman buenas decisiones de negocios a menudo tienen algunas cosas claves en común:

1. **Tienden a ser emocionalmente inteligentes.** La inteligencia emocional es cómo

nos manejamos con eficacia a nosotros mismos y a los demás. Se compone de 18 competencias que incluyen, por ejemplo: autocontrol, impulsar la comunicación y manejo de conflictos. Todas las habilidades que se necesitan para tomar decisiones exitosas.

2. **Desarrollan activamente su visión para los negocios.** Todas las decisiones se toman dentro del contexto de la organización. Así que leer con precisión y navegar por los matices del poder y la política son clave para tomar decisiones exitosas. La perspicacia de un empresario reside en conocer lo que influencia en tu organización y a la industria, incluyendo tendencias políticas, tecnología y personas.

3. **Buscan activamente oportunidades para demostrar liderazgo.** Como lo vimos en el primer capítulo, la gestión y el liderazgo son habilidades diferentes. Al mismo tiempo que como gerente resuelves las demandas inmediatas, como lider deberás tomar muy a menudo decisiones comerciales que requieren mirar hacia adelante.

4. Finalmente, **gerentes que toman buenas decisiones de negocios encuentran el equilibrio adecuado entre ser precavidos y**

asumir riesgos. A veces, las buenas decisiones se basan en ser organizados. Debes tomarte el tiempo suficiente para recopilar la información y considerar posibles consecuencias, pero sin excederse para que no se vaya a perder buenas oportunidades.

Desafortunadamente, no existe una fórmula mágica para tomar decisiones. Es una decisión según tu juicio. Que debe ser de acuerdo al contexto de la organización y a las circunstancias.

En resumen, para tomar buenas decisiones debes evaluar la situación en el tiempo justo, considerar sus posibles consecuencias y apoyarte en la experiencia de otros miembros de tu organización.

CONSIDERACIONES FINALES

¡Viste! te dije que la administración era un acto de malabarismo. Entre administrar a las personas, su rendimiento y el negocio, tienes mucho que hacer. Pero tu organización tiene confianza en ti. De lo contrario no te habrían dado esta responsabilidad.

La gestión es algo difícil en donde aprendes trabajando. Así que respira hondo, arremángate y sumérgete. A medida que aplicas cada una de las habilidades que hemos cubierto en este curso, creces y aprendes como gerente. Puesto que ser gerente toma mucho tiempo y energía, hablemos de mis estrategias favoritas para mantenerte en forma:

1. Es importante encontrar formas de mantener tu ritmo

Se necesita tiempo para que te desarrolles como gerente competente. No sucederá de la noche a la mañana. Haz tu propia evaluación y diseña un plan de desarrollo profesional. Si te concentras en una nueva habilidad por mes, puede lograr mucho en un año.

2. Cuídate

Para que estés en buena forma para manejar a los

demás. Esto significa, tanto física como emocionalmente.

3. **Construye una red con otros gerentes**

Puede ser realmente útil si tienes compañeros, tanto dentro como fuera de tu organización, a quienes poder acudir en ayuda.

La gestión puede ser un desafío y necesita confianza. Quiero decir que debes confiar y compartir tus experiencias. Te recomiendo que tengas un mentor. Esta persona debe ocupar un cargo similar al que aspiras tener algún día, y que esté dispuesto a brindarte asesoramiento y orientación.

Finalmente, recuerda que tu gente es el máximo reflejo de tus habilidades como gerente. Sus éxitos son tuyos. Así que invierte en motivarlos e involucrarlos, y ayudarlos a alcanzar su máximo potencial. Esto no solo ayudará a que la organización logre sus objetivos, sino que demostrará que estás listo cuando se presente la oportunidad de un nivel más alto.

Haber visto este curso es un gran avance, como también empezar a utilizar estas prácticas. Así que continúa. Estás en el camino correcto.

T800-IT 95

T800-IT

Acerca del autor

Master in Management Information Systems from the Escuela Superior Politecnica del Litoral (ESPOL). Certified Project Management Professional (PMP®) since 2012. Active member of the

T800-1T

Project Management Institute (PMI®), Chapter Ecuador, since the same year, and cooperated with PMI® Andalusian Chapter. He has over 10 years experience in the Financial Sector and Banking, in the area of Information Technology and Communications and Application Development and Systems, and more than 6 years in Strategic Management and Institutional Projects. He worked since 2006 in two major banks in the city. He has led several projects, and given classes of Project Management and use Microsoft Project